AF359457

ESSAI

EN FORME DE MÉMOIRE

SUR L'ÉDUCATION

DE LA JEUNESSE,

Pour servir de réponse à deux Questions générales, qui renferment toutes celles que l'on peut faire sur cette matiere.

SÇAVOIR,

1º. Quels sont les Vices de l'Éducation actuelle, tant par rapport à l'esprit, que par rapport au cœur ?

2º. Quels sont les moyens de les corriger ?

LONDRES,

Et se trouve à PARIS,

Chez B. MORIN, Libraire, rue Saint-Jacques ; à la Vérité.

M. DCC. LXXXVII.

AVANT-PROPOS.

Il y a long-tems que je m'occupe de l'éducation & des moyens de la corriger. J'ai médité profondément fur cette importante matiere, & j'ai fait quantité d'expériences, qui m'ont conduit à une *Nouvelle Méthode d'enfeignement*, éprouvée fur un grand nombre de jeunes fujets, garçons & filles, qui tous ont réuffi heureufement, & ne pouvoient même manquer de réuffir, parce que cette *Nouvelle Méthode*, non feulement eft exempte des vices de l'ancienne routine, mais encore facilite agréablement, & abrège confidérablement les études de la jeuneffe.

C'eft d'après les follicitations réitérées des perfonnes qui ont été témoins oculaires de ces fuccès, que je me fuis déterminé à faire connoître en partie cette *Méthode* au public, dans différentes préfaces que j'ai mifes à la tête de quelques petits Ouvrages publiés pour la répandre. Mais voyant qu'aujourd'hui l'on penſe ſérieuſement à réformer l'éducation & le plan actuel des études , je me ſuis cru obligé de développer entiérement cette eſpece de découverte , & c'eſt ce que je me propoſe de faire clairement dans le Mémoire que l'on va lire.

—————

ESSAI
EN FORME DE MÉMOIRE

SUR L'ÉDUCATION

DE LA JEUNESSE.

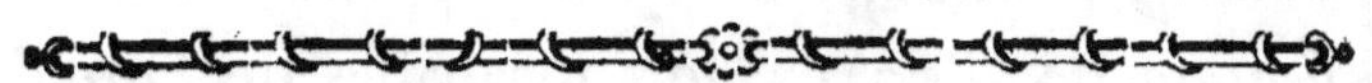

PREMIERE QUESTION.

Quels sont les vices de l'éducation actuelle, par rapport à l'esprit & au cœur ?

UNE observation générale sur l'éducation actuelle, est que les jeunes-gens passent les premieres années de leurs études à apprendre seulement du latin.

A la fin de leur Quatrieme, à peine en trouve-t-on dix sur soixante qui soient en état d'expliquer, ou même de déchiffrer une phrase latine,

A

prife au hafard dans un auteur, qui n'auroit pas été expliqué dans la claffe.

En Troifieme & en Seconde, on joint, à l'étude du latin, celle du grec & de la verfification; & lorfque les étudians montent en Rhétorique, il ne s'en trouve peut-être pas quatre qui foient capables d'expliquer une phrafe grecque à livre ouvert, & de faire une piece de vers, fans une matiere préparée.

On paffe enfuite un an ou deux en Rhétorique, où l'on apprend à remplir un canevas donné, pour faire ce qu'on appelle *une amplification*; & l'on en fort incapable de faire de foi-même un canevas & le rempliffage, c'eft-à-dire, à parler franchement, qu'on ne fait rien du tout.

Ces études finies, on prend des infcriptions en Philofophie, où l'on emploie deux années entieres à voir la Logique, la Métaphyfique, la Morale & la Phyfique, avec un peu de calcul & de géométrie; & après ces deux années, on eft prefque auffi neuf fur toutes les matieres que l'on a vues, qu'on l'a été fur le latin, fur le grec & fur la poéfie, après huit ans paffés dans les claffes inférieures.

Voilà des faits qu'aucun lecteur, qui a fait

ce que l'on appelle *fes études* , ne peut revoquer en doute. Voyons maintenant comment toute cette manœuvre des études s'exécute , et tâchons de découvrir le premier vice radical qui produit tous les autres , & qui eft la principale caufe d'une perte de tems fi confidérable , & de tous les autres abus dont on fe plaint avec raifon dans tout le royaume à ce fujet.

Routine vicieufe de l'enfeignement actuel.

I. Vice radical.

On fuppofe d'abord que les enfans qui fe préfentent pour commencer la longue & pénible carriere des études, favent lire & écrire. — Suppofition fauffe ; car ils ne favent réellement ni l'un ni l'autre. Ils ne favent pas lire , puifqu'ils n'entendent pas ce qu'on leur donne à lire : ils ne favent pas non plus écrire , puifqu'ils ignorent l'orthographe.

Malgré cela on leur fait apprendre par cœur les rudimens de la Langue latine, où ils ne peuvent rien comprendre, n'ayant par devers eux aucune donnée , qui les mette à portée de fe fervir de chofes connues d'avance, pour acquérir la connoiffance de celles qu'on veut leur enseigner. Ils parlent leur Langue naturelle, il est vrai, mais sans en distinguer les matériaux; & l'on s'imagine qu'ils comprennent ceux d'une Langue étrangere, tandis qu'ils ignorent parfaitement ceux de la leur propre.

Que s'ensuit-il de là ? que l'on exerce leur mémoire, & point du tout leur intelligence; qu'ils apprennent des mots vides de sens, & ne reçoivent aucune idée des choses.

Tels sont les fondemens sur lesquels on pose la bâse de l'édifice à construire. Ils sont ruineux assurément : & comment en effet pourroient-ils avoir la moindre solidité, étant appuyés sur une méthode aussi défectueuse ? Voilà donc la septieme classe parcourue sans aucun fruit.

Sans doute que le mal sera reparé dans la classe suivante, que l'on nomme *la Sixieme* ? Point du tout. Celle ci se passe comme la précédente : on continue de bâtir sur le même fondement, d'où il arrive (ce qu'il faut bien remarquer) que les enfans, rebutés de ne trouver dans la leçon que des mots étranges, nominatif, génitif, genre, cas, indicatif, subjonctif, &c., qu'ils ne comprennent pas, *ne s'y intéressent nullement, n'y donnent plus aucune attention, contractent dès-lors de l'aversion pour les livres, &*

prennent une funeſte habitude de nonchalance &
de pareſſe, qui les ſuit dans tout le reſte de leurs
études.

C'eſt-là ſans doute la véritable raiſon pour
laquelle les trois quarts & demi des étudians de-
viennent mauvais écoliers, & continuent à l'être,
à moins que dans le cours des claſſes, ils ne tom-
bent entre les mains de quelque habile maître,
qui, reprenant ſous œuvre tout l'édifice, re-
pare le mieux qu'il peut le vice de la premiere
fondation.

Je ne m'étendrai pas davantage ici ſur ce vice
radical de l'enſeignement actuel, qui ſaute aux
yeux, qui ſe perpétue de claſſe en claſſe, &
fait perdre miſérablement à la plus grande partie
de la jeuneſſe ſes plus belles & plus précieuſes
années, comme l'expérience le fait voir tous les
jours. J'y reviendrai dans la ſeconde partie de cet
Eſſai ; & je me contenterai de tirer, de tout
ce que je viens de dire, cette ſinguliere conſé-
quence, qui a l'air d'un paradoxe, et qui n'en
eſt pas pour cela moins vraie : ſavoir que le vice
radical de l'éducation actuelle, c'eſt *l'ignorance de*
la Langue françoiſe par principes.

⁂

A iij

I I. *Vice de l'enseignement.*

Un second vice à remarquer dans la forme actuelle de l'enseignement public , est le tems considérable que l'on perd tous les jours dans chaque classe ; 1°. à réciter des leçons par cœur; 2°. à dicter ce qu'on appelle *des devoirs* , c'est-à-dire, des tâches journalieres, qu'il faut fournir dans l'intervalle entre la classe du soir & celle du lendemain.

Les classes durent deux heures & un quart le matin , & autant l'après-midi. Le premier quart se passe à s'assembler , jusqu'à ce que le maître arrive.

On commence la classe par faire réciter , du rant environ une demi-heure, un certain nombre de lignes du rudiment , des particules , de la quantité , de l'auteur expliqué , &c. Sur soixante écoliers , il n'y en a peut-être pas dix qui les sachent , de maniere à les réciter exactement. Tout le reste, on ne les fait point du tout, ou du moins que très-imparfaitement ; parce qu'il est difficile d'apprendre comme il faut , ce que l'on n'entend que fort superficiellement , & ce que l'on se soucie peu de retenir. Comme on ne fait pas réciter ces leçons à tous , le plus grand nombre ne les a point apprifes , dans l'efpoir d'être oublié parmi la foule. Ceux qui font fur-pris ne pas favoir, en font quittes pour être con-damnés à un *penfum* , punition qui confifte à écrire la leçon un certain nombre de fois , foit les jours de congé ou pendant la récréation. Mais l'écolier qui ne veut rien perdre de fa ré-création , ne manque pas , autant qu'il le peut, de faire fon *penfum* durant le tems deftiné au travail ; il le griffonne le plus vîte poffible ; & après l'avoir écrit & récrit , il ne fait pas mieux fa leçon qu'auparavant. Si un enfant badine , caufe avec fon voifin , ou s'occupe d'autre chofe que de l'exercice actuel de la claffe , on le charge auffi d'un *penfum* , qui n'eft fait le plus fou-vent qu'aux dépens, ou de fes autres devoirs, ou de l'exercice corporel qu'il auroit pu faire pour fa fanté.

On voit par cet expofé , que voilà déja un quart du tems de la claffe du matin employé en pure perte. Ajoutez un autre quart pour réci-ter les leçons de la claffe du foir ; c'eft une heure entiere fur quatre , dérobée tous les jours à l'enfeignement public , fans compter la répé-tition générale des leçons de la femaine, qui emporte encore une claſſe entiere tous les huit jours.

La dictée *des devoirs* eſt encore une autre perte de tems pour la claſſe du ſoir. Elle ne va gueres moins qu'à une demi - heure , ſur-tout dans les baſſes claſſes , tant pour écrire cette dictée , que pour la relire & la rectifier ; parce que les enfans écrivent lentement , & que d'ailleurs ne ſachant point l'orthographe, ils font quantité de fautes , qui rendent leur écriture inintelligible. De bon compte, ſur quatre heures de claſſe par jour, il eſt ſûr que l'enſeignement y perd une bonne heure & demie ſans aucun profit.

I I I. *Vice.*

Après que les leçons ſont récitées tant bien que mal , vient l'explication d'un auteur grec ou latin. Comment ſe fait-elle? On nomme à tout de rôle un écolier , qui doit avoir préparé à la maiſon , ou à ſa penſion, ce que l'on doit voir actuellement. Comme cet écolier n'eſt guere capable pour l'ordinaire de faire cette préparation par lui-même , il ſe fait aider par ſon répétiteur ; & , comme un écho , il répete dans la claſſe ce qu'on lui a ſifflé à la maiſon. Le

maître de la claſſe le redreſſe quand il bronche ,
corrige les contre - ſens & les expreſſions im-
propres. Cela fait , il revient lui-même ſur l'explication , & donne la ſienne propre , que les
aſſiſtans écoutent ou n'écoutent point. Enſuite il
la fait répéter encore au premier venu , qu'il juge
à propos de nommer , ſauf à le corriger encore
de nouveau. Cette opération dure au moins une
demi-heure ou trois quarts-d'heure.

I V. *Vice.*

L'explication étant finie , on lit & on corrige
les *devoirs* , dont il faut avoir donné une copie
en entrant en claſſe. Cette correction ne tombe
que ſur deux ou trois écoliers tout au plus , qui
en profitent peut-être , parce que l'inſtruction
du moment leur eſt perſonnelle. Une demi-
douzaine d'autres écoliers de bonne volonté y
donnent auſſi leur attention ; mais tout le reſte
qui s'en ſoucie fort peu , n'y en fait aucune.

V. *Vice.*

Le reſte du tems de la claſſe , qui eſt tout au
plus d'une demi-heure , eſt deſtiné à expliquer
rapidement un ſecond auteur latin , ordinaire-
ment hiſtorique , & cette traduction eſt la tâche

impofée aux difciples entre les deux claffes. Ils doivent la faire fur un brouillon, & en tirer copie, pour la porter en claffe, quoiqu'elle n'y foit jamais lue.

V I. *Vice.*

La claffe du foir fe paffe à-peu-près comme celle du matin. On récite des leçons par cœur ; on corrige peu ou très-fuperficiellement la verfion faite entre les deux claffes : on explique un morceau de quelque poëte latin ou grec, & l'on finit par dicter un thême ou une verfion arbitraire, foit grecque, foit latine, ou un fujet de vers ou d'amplification, pour le devoir à rapporter le lendemain. Enfin on dicte auffi le corrigé des matieres de compofition du jour précédent, lequel corrigé refte paifiblement dans les porte feuilles des écoliers, fans être relu & médité, c'eft-à dire, fans aucun fruit.

V I I. *Vice.*

Dans les claffes de Philofophie, on commence par faire l'appel, pour s'affurer de la préfence & de l'affiduité des étudians. Enfuite on dicte, pour l'ordinaire en latin affez mince, pendant environ une heure, ce qu'on appelle *les cayers*. Puis le maître en fait l'explication, aussi en latin, que la plupart des auditeurs n'entendent gueres, & le reste de la classe se passe à faire argumenter les disciples les uns contre les autres, pour les former à l'ergotisme.

Par le détail de cet exposé court, mais fidele, de la méthode d'enseigner, pratiquée généralement par tout le royaume, & que tous ceux qui ont passé par les classes ne peuvent revoquer en doute, il est évident que les vices, dont j'ai fait l'énumération, existent malheureusement dans toutes les écoles de France. Mettez encore en ligne de compte les vacances, & les fréquens jours de congé sur-ajoutés aux dimanches & fêtes, vous concluerez que l'année académique est fort courte, & fort mal remplie par rapport à l'éducation à donner à l'esprit des éleves. Celle du cœur vaut-elle mieux ? Nous allons voir que non.

SECONDE PARTIE

DE LA PREMIERE QUESTION.

Quels font les vices de l'éducation actuelle, par rapport au cœur ?

1°. On commence par faire apprendre aux enfans le catéchifme du diocefe, qui fouvent fe trouve très-différent de celui qu'ils ont déja appris, au moins pour l'énoncé. Bigarrure très-mal imaginée ; car la Religion étant *une*, & invariable, l'énoncé de l'inftruction ne devroit non plus être qu'un, & immuable dans tout le royaume.

2°. Ou l'on explique ce catéchifme dans les claffes avant de le faire apprendre par cœur, ou on ne l'explique pas. Si on ne l'explique point, il eft vifible que les enfans ne pourront jamais le concevoir, parce qu'ils n'ont point encore dans leur entendement les données préliminaires, abfolument néceffaires pour comprendre les termes *fubftance*, *efprit*, *créateur*, &c. Si l'on explique ce catéchifme, ils ne le comprendront gueres davantage, à moins que d'avance on ne leur ait bien inculqué des définitions courtes , claires & exactes de ces mêmes termes , d'où l'on doit conclure de nouveau que la connoiſſance de leur propre Langue par principes , eſt auſſi indiſpenſable dans cette ſeconde partie de l'éducation , que dans la premiere , & que le françois ſu par regles , doit être la bâſe fondamentale de l'une comme de l'autre.

3°. Nonobſtant ce premier vice de l'inſtruction , qui influera certainement beaucoup ſur celles qui la ſuivront , on paſſe outre , & l'on continue à bâtir ſur ce fondement ruineux : quoique , à dire vrai , l'enſeignement religieux & moral n'occupe pas grande place dans l'enſeignement du cœur ; car la plupart des maîtres ſe contentent de faire apprendre à leurs écoliers l'Epître & l'Evangile du dimanche , qu'ils expliquent , ou n'expliquent pas d'avance , à leur volonté.

4°. Il eſt pourtant vrai que ce ne ſont pas là toutes les inſtructions que reçoit la jeuneſſe du côté moral ; car il y a , dans tout le cours de l'année , quatre ou cinq ſermons publics l'avant-veille des fêtes ſolemnelles ; mais ſemblables à ceux de nos paroiſſes , n'étant pas appropriés à la capacité & à l'état des jeunes auditeurs , ils produifent fi peu de fruit, qu'il vaudroit autant les fupprimer.

Voilà donc à quoi fe réduit toute l'inftruction morale publique, au moins pour les écoliers externes, car dans l'intérieur des penfions, il y en a d'autres pour les penfionnaires, qui pourroient être fort utiles, fi elles étoient fondées fur des principes fûrs, bien digérés, & fur-tout uniformes, & adaptés aux befoins, à l'état, & à la capacité de ceux que l'on a intention d'inftruire.

5°. Tout ce que je viens de raconter touchant l'éducation des garçons, par rapport au cœur, doit s'appliquer également à celle des filles dans les couvents, & autres maifons d'éducation.

Je n'ai que faire de dire que toutes ces prétendues écoles ne font, à proprement parler, que des entreprifes d'intérêt, & d'honnêtes auberges, où nos filles végétent, jufqu'à ce qu'elles aient fait leur premiere communion. Tout le monde fait cela, & cependant la mode continue, & continuera toujours, jufqu'à ce que l'autorité, tant eccléfiaftique que féculiere, juge à propos de fe réunir, pour mettre ordre à de pareils abus.

On a peine à concevoir comment des religieufes ofent fe propofer pour inftitutrices publi-

ques de la partie de la jeuneſſe la plus chere à la
ſociété, qu'elles ont elles-mêmes abandonnée,
& à laquelle, par un vœu ſolemnel, elles ont
abſolument renoncé. Ignorent-elles donc que
toutes les demoiſelles que les parens leur con-
fient, ſont deſtinées par la Providence à être les
premiers, & peut-être les meilleurs inſtrumens
de l'éducation des enfans, qu'elles donneront
un jour à la patrie? Mais comment, devenues
meres, la leur donneront-elles cette premiere
éducation, ſi elles ne l'ont pas reçue elles-
mêmes? Et comment la recevroient-elles, ſi leurs
maîtreſſes cloîtrées ſont incapables de la leur procurer?

Les parens, diront les religieuſes, donnent à
nos éleves toute ſorte de maîtres externes. Oui,
leur répondrai-je, des maîtres à cachet, qui
coûtent beaucoup aux parens, qui ſe font payer
à l'heure, au mois, de douze leçons données
à la hâte, ſans aucun fruit. Mais, leur dirai-je
encore, ne conviendroit-il pas beaucoup mieux
que vous fuſſiez vous-mêmes leurs ſeules &
uniques maîtreſſes, & qu'elles devinſſent en
effet vos éleves, plutôt que vos penſionnaires ſeulement? Alors vous ſeriez des corps utiles à l'état,
& vous rendriez à toute la ſociété des ſervices

ineſtimables. En ſortant bien élévées de vos maiſons, les demoiſelles, devenues meres, renonce-
roient infailliblement à la frivolité, ſuite mal-
heureuſe de l'oiſiveté & du déſœuvrement, &
ſur-tout de l'ignorance, pour ſe livrer au plaiſir
indicible de former elles-mêmes des enfans
dignes d'elles & de l'Etat.

Je ne m'étendrai pas davantage ici ſur ce ſujet,
quelque grand & magnifique qu'il ſoit. Il n'y a
aucune perſonne de bon ſens, qui ne ſoit capable
de ſuppléer au peu que j'en ai dit. Il eſt tems,
après avoir détaillé les vices de l'éducation actuelle, de paſſer à la ſeconde queſtion, la plus
importante ſans contredit qui ait jamais été pro-
poſée par quelque académie que ce ſoit, & la
plus difficile à réſoudre au gré de tous les in-
téreſſés.

SECONDE QUESTION.

Quels ſont les moyens de corriger les vices de l'é-
ducation actuelle ?

IL ſera toujours inutile de propoſer des moyens
de corriger l'éducation nationale, à moins que le
Souverain ne faſſe un édit de réforme, qui
oblige

oblige ſtriĉtement & à toujours tous les inſtitu-
teurs quelconques dans toute l'étendue de ſon
royaume , à un plan fixe , adopté par un comité
d'évêques & de magiſtrats nommés par Sa Ma-
jeſté , pour rendre l'éducation générale & uniforme , tant à Paris qu'en Province , à l'égard
de tous ſes ſujets , ſans aucune exception ; car
tant que toute la jeuneſſe entiere ne ſera pas éle-
vée par-tout dans les mêmes principes , le Gouvernement n'atteindra pas ſon but , qui eſt , &
doit être en effet de rendre les ſujets meilleurs
& plus heureux. Le cahos aĉtuel ſubſiſtera toujours , & ne produira que la diſſention & le
trouble.

C'eſt aux évêques & aux magiſtrats à fixer ,
de concert & ſous l'autorité du roi , le plan ſur
lequel ſera dreſſée la réforme à faire , en choi-
ſiſſant , entre tous ceux qui pourront leur être
préſentés par le zele des bons citoyens , celui qui
leur paroîtra le plus avantageux pour la jeuneſſe ,
le moins diſpendieux pour l'Etat , & le plus pra-
ticable ; & ils adopteront ſans doute celui qui
non ſeulement ſera parfaitement exempt des
vices dont j'ai fait l'énumération dans la premiere
partie de cet *Eſſai* , mais encore qui ſaura pré-
venir les abus , qui , dans la ſuite des tems , pour-

B

roient s'introduire dans l'éducation nationale:
Cela posé , sans autre préambule , je dirai , en
suivant pas à pas les numéros de la premiere
partie de ce Mémoire , que pour réussir heureu-
sement dans le projet de réforme , il convient
d'ordonner irrévocablement ce qui suit.

ARTICLE I.

*Nul maître ou maîtresse d'école , de
pension , de communauté réguliere ou sé-
culiere , soit à Paris , soit en Province ,
ne pourra s'ingerer dans l'éducation de
la jeunesse de l'un & l'autre sexe , sans
avoir préalablement fait preuve de capacité & de connoissance suffisante dans
la Grammaire françoise ,pardevant l'inf-
pecteur commis à cet effet par les supé-
rieurs.*

En conséquence de ce premier article , il sera
composé une Grammaire françoise élémentaire ,
courte , claire , & facile , pour les maîtres &
maîtresses , qui , après l'avoir bien & dûment
étudiée & apprise , la transmettront à leurs
éleves.

Il feroit à propos que les évêques ou feigneurs de paroiffe , curés ou bénéficiers , procuraffent ce livret aux maîtres & maîtreffes d'école de leurs villages , qui l'enfeigneroient auffi ; & par là, on feroit difparoître peu-à-peu le vilain jargon des campagnes , & l'on y introduiroit l'ortho-graphe.

En attendant que cette Grammaire nationale foit compofée , on pourroit fe fervir de celle qui paroît chez Morin , *Libraire , rue Saint-Jacques , à la Vérité.* Elle a pour titre, *la Grammaire Fran-çoife univerfelle , à l'ufage des Dames ,* & a été faite dans la vue de fervir de premier inftrument à la réforme des études.

Si la maniere ordinaire d'enfeigner à lire pa-roiffoit trop longue & trop pénible , comme elle l'eft en effet pour les maîtres & pour les enfans , on en trouvera une autre plus expéditive & plus amufante au commencement de la Grammaire françoife que je viens d'indiquer.

Article II.

Les maîtres & maîtreffes ne feront ap-prendre & réciter à leurs éleves , aucune autre leçon , que celle du catéchifme &

de la morale. Cette leçon sera apprise en commun, & récitée publiquement tous les jours, matin & soir, par chacun des éleves, sans en excepter un seul : bien entendu que cette leçon aura été clairement expliquée d'avance, tant pour les mots que pour les choses ; & l'on ne dictera absolument rien dans aucune classe, même en Philosophie.

Par ce moyen, il n'y aura aucune perte de tems, & tous les momens seront uniquement au profit de l'enseignement.

On doit se servir, par préférence, du catéchisme de Paris, qui est court, & fort bien fait. Une demande par chaque classe de ce catéchisme, bien expliquée & bien entendue, est bien suffisante.

De plus, il sera fait un petit cours de morale exprès pour les enfans, sous la forme de sentences détachées, de quatre ou cinq lignes chacune, qui, outre l'enseignement des devoirs, pourra encore servir de premiere logique par l'enchaînement & la liaison des unes avec les autres.

On eſt en état d'en préſenter un modele ma-
nuſcrit ; & s'il étoit trouvé bon, on pourroit, ſans
attendre plus long-tems, le faire imprimer , pour
le joindre à la Grammaire françoiſe , & en faire
avec elle un ſeul volume.

Voici la forme dont il feroit à propos de faire
apprendre par cœur aux enfans, ſans leur cauſer
ni ennui , ni peine , ni dégoût.

Je voudrois que le maître ou la maîtreſſe de
la claſſe lût d'abord très-diſtinctement la leçon ,
en expliquât tous les termes , & enſuite la fît
relire & répéter tout haut aux éleves, chacun à
leur tour. Il y a à parier que cette opération ne
feroit pas encore finie , que tous les aſſiſtans ſau-
roient la leçon par cœur. Il feroit pourtant bon de
revenir de tems en tems ſur ce qui auroit été
appris précédemment , pour s'aſſurer que rien n'a
été oublié.

Par cette méthode , on apprendroit véritablement & à demeure ; & puiſqu'un vaſe retient
& conſerve long-tems l'odeur de la premiere
liqueur dont il a été d'abord imbibé , n'eſt-il pas
évident que c'eſt uniquement ſur les matieres
de la religion & de la morale, qu'il faut former &
exercer par préférence la mémoire des enfans ,

afin qu'ils retiennent, fans jamais l'oublier, ce qu'ils doivent pratiquer toute leur vie ?

L'exercice de religion & de morale étant fini, tout le refte du tems de la claffe fera donné à l'étude de la Grammaire françoife, dont on ne fera apprendre par cœur que les définitions, qui doivent être très-courtes, & qui ne feront apprifes non plus qu'en commun, de la même maniere indiquée plus haut pour le catéchifme & les fentences.

Voilà tout ce qui concerne les petites écoles, où l'on n'apprend qu'à lire, écrire & compter. Ce qui va fuivre, ne regarde que les écoles de latin.

Article III.

Nuls éleves ne feront admis à l'étude du latin, ou autre Langue étrangere, finon ceux qui fauront parfaitement la Grammaire Françoife élémentaire ; & l'on ne fe fervira, pour enfeigner le latin, que des livres auffi élémentaires, indiqués dans le cours d'éducation, relatifs à cette étude.

Comme il ne s'agit plus, après la réforme des études, de faire deviner le latin aux écoliers, ainfi que l'on faifoit dans l'ancienne routine, mais de l'enfeigner véritablement & promptement , il est hors de doute qu'il faut donner aux commençans une Grammaire latine élémentaire à leur portée , & dans l'étude de laquelle ils puissent se servir des connoissances acquises dans la Grammaire françoise qu'ils savent déja , pour s'élever à celles de la Langue étrangere.

Pour parvenir sûrement & promptement à ce but , on leur mettra entre les mains une Grammaire latine , calquée , le mieux qu'il sera possible , sur la Grammaire françoise , avec les mêmes exemples & les mêmes regles , en très - petit nombre , & dans laquelle ils n'aient pour ainsi dire à apprendre de nouveau , que la simple déclinaison & conjugaison de la nouvelle Langue.

Dans l'exposition méthodique de la déclinaison & conjugaison , on n'oubliera pas d'insérer de nouvelles formules les plus faciles possibles , pour faire comprendre plus vîte la tournure & le méchanisme des terminaisons , & les faire retenir plus aisément & solidement.

On trouve actuellement chez les Libraires une seconde édition d'une Grammaire latine , composée exprès pour commencer la réforme , & accompagnée d'un grand tableau , qui , comparé avec celui de la Grammaire françoise , abrege singulierement cette étude.

On fera apprendre la Grammaire latine, précisément comme on a fait la françoise; & lorsque les étudians la sauront parfaitement, ce qui est l'affaire d'un mois ou deux tout au plus, on pourra leur donner à faire des versions & des thêmes indifféremment; mais selon une méthode tout-à fait différente de celle qui a été jusqu'ici en usage dans les écoles publiques, & dans la pratique de laquelle les éleves doivent savoir, & savent en effet, comme l'expérience l'a prouvé sans réplique, beaucoup plus de latin en un an, qu'ils n'en apprennent en quatre ou cinq années par la routine ordinaire; avec cet avantage nouveau & inappréciable que, parmi les éleves, s'ils sont conduits strictement par la route que j'indique, il ne se trouve aucun mauvais écolier, par la raison qu'ils marchent tous ensemble du même pas, à la clarté du même flambeau, & que tous procédent nécessairement & invariablement du *connu* à l'*inconnu*.

Voici sommairement en quoi consiste la *Nouvelle Méthode d'enseignement* que j'ai proposée pour l'étude de la Langue latine, comme de toutes les autres.

Au lieu de défendre, selon la coutume, aux jeunes écoliers les traductions des auteurs latins,

(25)

je leur en donne pour ainsi dire trois tout à la fois, à la suite du texte original.

Supposons, par exemple, que l'auteur latin soit *Phedre* (par lequel je jugerois à propos que l'on commençât, parce qu'il est amusant & moral), & qu'il s'agisse de faire entendre aux éleves la premiere fable du *Loup & de l'Agneau*; la premiere face sera le texte original.

I. FACE.

Ad rivum eumdem, Lupus & Agnus venerant siti compulsi.

La seconde face sera françoise & littérale.

II. FACE.

Le Loup & l'Agneau, pressés par la soif, étoient venus à un même ruisseau.

La troisieme face sera latine, & marchera comme le françois de la seconde face.

III. FACE.

Lupus & Agnus, compulsi siti, venerant ad eumdem rivum.

Enfin la quatrieme face, exprimée aussi en françois, sera arrangée strictement comme le latin original de la premiere face.

IV. FACE.

A un ruisseau même, le Loup & l'Agneau étoient venus par la soif pressés.

Il eſt ſûr que les éleves, ſachant parfaitement d'avance leurs Grammaires françoiſe & latine, feront ſur le champ les parties de tous les mots de la ſeconde face, puiſqu'elle eſt françoiſe. Or, appliquant les mêmes parties ſur la troiſieme face, quoique latine, ils l'expliqueront auſſi ſur le champ ſans autre dictionnaire que la quatrieme face, puiſqu'il n'y a de différence entre les mots latins & les françois, que dans les terminaiſons latines, qu'ils ſavent parfaitement : donc tous dans la minute entendront & expliqueront cette premiere phraſe, auſſi bien que le maître, & les ſuivantes ſucceſſivement.

Mais comme mon intention eſt de les ſtiler à apprendrè d'eux-mêmes le latin, & même à le parler, il ne ſuffit pas qu'ils ſachent rendre une phraſe latine en françois, il faut encore qu'ils ſe mettent en état de rendre auſſi la même phraſe en latin, & même dans le propre langage de l'auteur ; & c'eſt ce qu'ils feront auſſi ſur le champ, & fort aiſément par le moyen de la quatrieme face, dont ils connoiſſent tous les matériaux, auſſi bien que dans la ſeconde, qui eſt leur Langue naturelle. Vous verrez même qu'en ſuivant cette route, d'eux-mêmes, & ſans autre fecours , ils expliqueront tout le refte de la fable en moins de rien , du moment qu'ils auront connu & compris la maniere de faire ufage des trois dernieres faces , feule chofe que le maître aura à leur montrer.

Lorfqu'on aura vu de fes propres yeux l'effet prodigieux , mais nullement étonnant , de cette *Méthode* , alors on concevra aifément qu'il eft très-poffible , & qu'il arrivera même néceffaire-ment , que les étudians fachent véritablement le latin en très-peu de tems , pourvu qu'on leur fourniffe quelques volumes arrangés comme je viens de dire.

Quand ils feront fuffifamment avancés par cette *Méthode*, qui , comme l'on fent , n'a rien d'obfcur ni de rebutant , & qui , au contraire , eft attrayante , & pique leur curiofité , vous leur ôterez ces premieres lifieres, & vous vous con-tenterez de leur donner une fimple traduc-tion françoife littérale des divers auteurs que vous voudrez leur faire lire , foit en profe , foit en vers.

Par ce feul moyen , n'ayant jamais rien à de-viner dans leurs études , & la Langue françoife leur fervant continuellement de bouffole , ils feront, en très-peu de tems & gaiement , des progrès immenfes , & poſſéderont , fans prefque s'en appercevoir , quantité de mots , dont ils fauront la vraie fignification, l'ayant apprife, non dans les dictionnaires, qui devroient être bannis des claſſes , mais à la fource & dans les auteurs mêmes ; & cette proviſion les mettra en état de parler correctement, & même élégamment les deux Langues.

Tout le travail des éleves dans cette nouvelle maniere d'étudier , ne confifte que dans le redreſſement du françois de la quatrieme face, pour le rendre intelligible : mais comme c'eſt fur leur propre Langue qu'ils éprouvent la difficulté, & que cette difficulté eſt levée en très-grande partie par la feconde face , il eſt clair que ce travail n'eſt jamais au-deſſus de leurs forces.

Je fuis en état de préfenter actuellement en manufcrit les *Fables de Phedre*, rangées fous quatre faces , dans le goût que j'ai expofé plus haut. Je n'ai pas encore pu les faire imprimer , faute de moyens , à caufe des dépenfes confidérables pour moi , que j'ai été obligé de faire pour l'impreſſion d'un autre ouvrage moral , bien accueilli du public, intitulé , *les Quatre Chapitres* , compofé précifément dans la même forme que le *Phedre*, dont je viens de parler.

Je puis offrir encore en manufcrit une traduction littérale de l'*Andrienne de Térence*, & une autre des *Œuvres d'Horace*, que je donnerai à l'impreffion, lorfque mes facultés me le permettront.

Ces deux dernieres traductions pourront fervir de modele dans la fuite pour traduire d'autres auteurs latins ou grecs, italiens, anglois, ou allemands, à l'ufage des claffes, de maniere que les étudians puiffent entendre le grammatical des originaux, même fans le fecours des dictionnaires & des maîtres; ce à quoi ils n'ont pu jufqu'ici parvenir par le moyen des autres traductions antérieures, par la raifon que, n'étant point littérales, elles laiffent toujours à deviner la conftruction & le vrai fens des paffages difficiles, & font par conféquent inutiles à l'enfeignement.

Je n'ai rien à dire fur les quatre derniers *vices* obfervés dans l'éducation actuelle, parce qu'ils font corrigés, ou, pour mieux dire, prévenus dans les trois articles que l'on vient de lire.

ARTICLE IV.

Tous les enfans de l'Etat dans toute l'étendue du royaume, seront élevés strictement selon les seuls principes adoptés par le Gouvernement, & par conséquent d'une maniere uniforme ; de façon qu'au sortir des études, ils parlent tous le même langage sur la religion, sur la morale, & sur toutes les autres connoissances humaines qu'ils auront acquises dans les écoles.

Si cet article étoit fidelement exécuté, quelle heureuse révolution dans les mœurs ne verroit-on pas naître dans toute la France ! Tous les sujets, uniformément bien instruits de leurs devoirs envers Dieu, envers le Roi, envers la patrie, envers eux-mêmes, & envers leurs semblables, commenceroient enfin à concevoir ce que c'est que la vertu, dont jusqu'à présent ils n'ont connu que le nom : tous seroient en état de juger par eux-mêmes, & de faire la différence entre ce qui est vertueux, & ce qui ne l'est pas. Plus de *diffidences* (qu'on me passe ce terme)

plus de diſtinctions frivoles, plus de diſpute de
mots. Les ſentimens, devenus uniformes & una-
nimes, produiroient inconteſtablement peu à
peu l'épuration des mœurs ; & le libertinage,
qui n'a gueres d'autres cauſes externes, que l'ignorance, l'ennui, l'oiſiveté & le déſœuvrement,
diſparoîtroit preſque entiérement du milieu de
nous.

D'ailleurs, la jeuneſſe imbue, dès la plus
tendre enfance, de ces mêmes principes par les
meres, ſe préſenteroit aux écoles publiques, bien
mieux préparée pour l'inſtruction, qu'elle ne
l'eſt aujourd'hui. Elle auroit alors des motifs
d'attention pour étudier ; l'application volontaire
prendroit la place de la diſſipation, & les jeunes
gens étant toujours occupés agréablement & uti-
lement, tous leurs momens ſeroient mis à profit ; & le jeune âge, bien loin de commettre le
mal, n'auroit pas même l'occaſion & le tems d'y
penſer.

ARTICLE V.

*Dans toutes les maiſons d'éducation,
ſans en excepter une ſeule, les vacances
& jours de congé ſeront entiérement abo-
lis, & l'on tiendra régulierement les*

claſſes tous les jours, matin & ſoir, du-
rant toute l'année, excepté les jours de
fêtes & de dimanches.

Il n'y a que des gens ignorans, ou peu affec-
tionnés à la bonne éducation de la jeuneſſe, qui
puiſſent ſe récrier contre cet article. Les premiers, parce qu'ils ne ſentent pas le prix du
tems, & les maux que ſa perte entraîne ; les
ſeconds, parce qu'ils préferent leurs plaiſirs à
leur devoir & au bien public.

Mais, dira-t on, on ne peut pas être toujours
occupé, & les maîtres, ainſi que leurs diſciples,
ont beſoin de relache & de repos.

D'accord, il faut ſans doute leur en procurer :
mais cinquante-deux dimanches & vingt deux
fêtes, qui font ſoixante-quatorze jours, c'eſt-à-
dire, un cinquieme de l'année, ne ſont-ils pas
un relâche raiſonnable & ſuffiſant ? Dans la vie
civile & bourgeoiſe, on ne connoît point du tout
un relâche auſſi conſidérable que la ſomme des
vacances & congés ſur-ajoutés aux fêtes & dimanches. Pourquoi donc permettroit-on cet abus du
tems dans une beſogne qui, pour être bien faite,
ſouffre moins que toute autre l'interruption, &
demande encore plus d'aſſiduité.

Quant

Quant aux enfans , si les heures de relâche destinées au sommeil, aux repas & à la récréation , paroissent insuffisantes, qu'on les multiplie , à la bonne heure ; mais en même tems, que l'on bannisse absolument une interruption dans les études de plusieurs jours & de plusieurs semaines, qui ne sert qu'à détraquer le jeu de la machine, à laquelle vous avez imprimé un mouvement, que vous avez vous-même si grand intérêt de conserver dans toute sa force. Plus les congés sont fréquens , plus on les desire. L'ardeur & le zele se refroidissent dans l'inaction , & c'est uniquement lorsque l'on n'a rien à faire, que l'on pense à faire le mal.

Article VI.

Les maîtres & maîtresses empêcheront absolument les eleves de se tutoyer les uns les autres, & les accoutumeront de bonne heure au bon ton, à la politesse, & aux égards en usage dans la société civile.

Il est sûr que c'est l'habitude de se tutoyer réciproquement, qui donne naissance à une familiarité dangereuse, & à la polissonnerie que l'on remarque généralement parmi les écoliers. C'est pourquoi cet article mérite une attention parti- culiere : d'ailleurs la nation françoise paſſe chez l'étranger pour la plus polie de l'Europe ; c'est une prérogative honorable qu'il ne faut pas laiſ- ſer perdre. Le vrai moyen de la conſerver à juſte titre , eſt donc de former de bonne heure nos jeunes gens à la politeſſe & au ton de la bonne compagnie.

Article VII.

Défenſe abſolue à toute maiſon d'édu- cation ou communauté d'hommes ou de femmes religieuſes ou ſéculieres , de tenir claſſes de penſionnaires ou externes , à moins qu'elles ne ſoient pourvues d'un nombre ſuffiſant de bons maîtres ou maî- treſſes capables , & autoriſées par les inſ- pecteurs à l'éducation nationale , nom- més à cet effet par les ſupérieurs.

Une pareille défenſe eſt d'une néceſſité in- diſpenſable , ſans quoi les vues ſalutaires du Gouvernement ne ſeroient point remplies. Il faut donc , pour leur pleine & entiere exécution, que les évêques & les magiſtrats , qui ſont de droit les infpecteurs nés de l'éducation, & qui, à caufe de leurs fonctions journalieres, ne peuvent y vaquer perfonnellement autant qu'il feroit à defirer dans toute l'étendue de leur jurifdiction, nomment de concert des fubftituts qui aient droit de vifite dans toutes les claffes, pour vérifier la capacité des maîtres & maîtreffes, la forme pratiquée dans l'enfeignement public, & les progrès des éleves, pour en rendre enfuite compte à leurs commettans.

Cette vérification n'eft ni longue ni difficile à faire. Il fuffit, chaque femaine, ou peut-être même chaque mois, de paffer une demi-heure dans une claffe, pour s'affurer de la pratique de l'enfeignement, d'interroger au hafard un certain nombre d'éleves, & juger, par la maniere dont ils répondront, s'ils marchent tous d'un pas égal dans leurs études ; car s'il s'en trouve un feul parmi eux, au-deffous du niveau des autres, il faut conclure, ou qu'il a été négligé ou que l'enfeignement n'eft pas exécuté, comme il auroit dû l'être ; ce qui ne peut arriver que par l'impéritie ou par la négligence de l'inftituteur, & non par la faute du difciple.

ARTICLE DERNIER.

Pour donner en grand dans la capitale du Royaume un modele d'éducation publique nationale & légale, que l'on puisse imiter en raccourci dans chaque autre ville de Province, il sera érigé à Paris deux colleges ; l'un de garçons par la libéralité du Roi, & l'autre de filles, par celle de la Reine, dans lesquels seront ouvertes diverses classes, comme il suit.

1°. *Dans les deux Colleges également :*

Une premiere Classe, dans laquelle on montrera à lire & à écrire, & les quatre premieres regles simples de l'*Arithmétique*, par la méthode la plus amusante, la moins pénible, la plus expéditive & la plus profitable.

Une seconde Classe, dans laquelle on n'enseignera que le *catéchisme*, les *sentences de morale*, & la *Grammaire françoise élémentaire nationale*.

2°. *Dans le College des garçons :*

Une troisieme Classe de Langue Italienne.

Une quatrieme Classe de Langue Angloise.

Une cinquieme Classe de Langue Allemande.

Une sixieme Classe de Langue Latine.

Une septieme Classe de Langue Grecque.

Une huitieme Classe de Philosophie & de Droit naturel, en *Latin* & en *François*.

Une neuvieme Classe de Rhétorique & · de Poésie.

Une dixieme Classe d'Histoire, Chronologie & Géographie.

Une onzieme Classe de Mathématiques, Changes étrangers, & tenue des Livres.

Une douzieme Classe de Danse & d'Escrime.

3°. *Dans le College des filles.*

Une treizieme Classe d'ouvrages manuels convenables au sexe.

Une quatorzieme Classe de Musique vocale & instrumentale, à laquelle on joindra la Danse.

Une quinzieme Classe d'Histoire, Chronologie & Géographie.

Une seizieme Classe de Langue Latine.

Voilà toutes les classes au nombre de *seize* en tout, à établir dans les deux colleges proposés;

non pas que tous les eleves doivent paſſer par toutes, mais ſeulement dans celles qui conviendront à leur état & à leur deſtination ; excepté pourtant les deux premieres claſſes, qui ſont indiſpenſables, pour avoir droit d'être admis dans quelqu'une des ſuivantes.

Il n'eſt pas néceſſaire non plus que les eleves reſtent un an dans chaque claſſe ; car ſix mois, bien employés dans la premiere, les rendront capables de monter dans la ſeconde, qui ne demande non plus que ſix mois, pour mériter de paſſer dans une des autres claſſes ſupérieures.

Tel doit être le réſultat des études de la premiere & ſeconde claſſe, qui ſeront finies toutes deux enſemble dans l'eſpace d'un an.

Chaque claſſe d'italien, d'anglois & d'allemand, ne demande non plus que ſix mois pour entendre & parler l'une de ces trois Langues.

Quant à la claſſe de latin, on peut lui aſſigner d'abord un plus long terme, qui cependant ne doit point excéder un an, ou dix-huit mois tout au plus ; car le latin & le grec ne ſont réellement pas plus difficiles que les autres Langues : mais par la ſuite, quand on aura éprouvé la bonté de la *Nouvelle Methode d'enſeignement*, on ſera ſans doute obligé par l'expérience de raccourcir ce terme. Je dis la même choſe de la claſſe de grec.

ORDRE

DES EXERCICES

à établir dans les deux Colleges.

ON se levera régulierement tous les jours à six heures du matin ; enfuite la priere commune , la meffe , la toilette & le déjeûner.

Les claffes feront ouvertes à huit heures pré-cifes , & fermées à onze.

Après la claffe du matin , récréation jufqu'à midi , heure du dîner.

Après le dîner , autre récréation , jufqu'à l'ou-verture de la claffe du foir, à deux heures précifes, jufqu'à cinq.

Depuis cinq heures , jufqu'à fix , nouvelle récréation pour le goûter. (La danfe ou l'efcrime peuvent entrer en grande partie dans toutes ces récréations.)

A fix heures , inftruction commune , en forme de conférence , ou converfation familiere fur les divers défauts qui auront été remarqués dans les éleves.

A fept heures , fouper , & enfuite récréation ;

jufqu'à huit heures & demi. Puis lecture d'un quart-d'heure fur l'Hiftoire Sainte. La priere commune & le coucher, à neuf heures.

Tel eft le réglement journalier à établir dans les deux colleges, à l'obfervation duquel les Principaux tiendront fcrupuleufement la main.

Comme tout ce que l'on vient de lire eft prefque le contre-pied de ce qui s'eft pratiqué jufqu'ici, on ne manquera pas de me demander ce que deviendront les autres colleges de Paris?

Il n'appartient qu'au Roi de prononcer là-deffus : mais on peut deviner, fans crainte de fe tromper, que fi le projet énoncé dans ce Mémoire, peut jamais avoir lieu, tous ces colleges, ou fe réformeront d'eux-mêmes, ou feront totalement abandonnés.